EL CICLO DE VIDA

El conejillo de Indias

Edición revisada y actualizada

Angela Royston

Heinemann Library
Chicago, Illinois

www.heinemannraintree.com
Visit our website to find out more information about Heinemann-Raintree books.

To order:
☎ Phone 888-454-2279
🖥 Visit www.heinemannraintree.com to browse our catalog and order online.

Edited by Adrian Vigliano, Diyan Leake, and Harriet Milles
Designed by Kimberly R. Miracle and Tony Miracle
Original illustrations © Capstone Global Library Limited 2001, 2009
Illustrated by Alan Fraser
Picture research by Tracy Cummins and Heather Mauldin
Originated by Chroma Graphics (Overseas) Pte. Ltd.
Printed in China by South China Printing Company Ltd.
Translation into Spanish by DoubleOPublishing Services

13 12 11 10
10 9 8 7 6 5 4 3 2 1

Library of Congress Cataloging-in-Publication Data
Royston, Angela, 1945-
   [Life cycle of a—guinea pig. Spanish]
   El conejillo de Indias / Angela Royston.—1st ed.
      p. cm.—(El ciclo de vida)
   Includes bibliographical references and index.
   ISBN 978-1-4329-4363-9 (hc)—ISBN 978-1-4329-4380-6 (pb)
1. Guinea pigs—Life cycles—Juvenile literature. I. Title.
   QL737.R634R6918 2011
   599.35'92156—dc22   2010009060

Acknowledgments
The author and publishers are grateful to the following for permission to reproduce copyright material: © Capstone Publishers (Karon Dubke) 6, 7, 8, 9, 11, 16, 17, 28 top, 29 top right; Getty Images pp. 14 (© AFP PHOTO/Maxi Failla), 24 (© JH Pete Carmichael), 26 (© Travel Ink); Nature Picture Library pp. 19 (© Jane Burton), 21 (© Jane Burton), 29 bottom (© Jane Burton); Peter Arnold Inc. pp. 22 (© Reinhard, H.), 28 bottom (© Reinhard, H.); Photolibrary pp. 10 (© Juniors Bildarchiv), 12 (© Michael Krabs), 18 (© Oxford Scientifc Films/W Layer), 23 (Juniors Bildarchiv), 29 top left (© Michael Krabs); Photoshot pp. 20 (© Bruce Coleman/Jane Burton), 27 (© WPN/UPPA); Shutterstock pp. 4 (© Eline Spek), 5 (© Ross Wallace), 13 (© Elena Kalistratova), 15 (© Nicola Gavin), 25 (© Dariusz Urbanczyk).

Cover photograph of a guinea pig reproduced with permission of Shutterstock (© Eline Spek).

Every effort has been made to contact copyright holders of any material reproduced in this book. Any omissions will be rectified in subsequent printings if notice is given to the publisher.

We would like to thank Michael Bright for his invaluable help in the preparation of this book.

Contenido

Algunas palabras aparecen en negrita, **como éstas**.
Puedes averiguar sus significados en el glosario.

Conoce los conejillos de Indias

Estos conejillos de Indias tienen pelo corto. Otros pueden tener pelo largo.

Un conejillo de Indias es un animal pequeño y peludo con grandes dientes delanteros. Los conejillos de Indias pertenecen a una familia de animales llamados cavias.

Recién nacido   1 día   1 semana

Los capibaras viven en Suramérica.

El capibara es la cavia más grande. Los conejillos de Indias salvajes son marrones. Los conejillos de Indias en este libro son marrones, blancos y negros.

1 mes

8 meses

10 meses

Recién nacido

Las hembras de los conejillos de Indias están embarazadas por unas 9 semanas.

Este conejillo de Indias hembra tiene **cachorros** recién nacidos. Primero nació un cachorrito. Pronto lo siguió otro, y otro más.

Recién nacido

1 día

1 semana

Una conejilla de Indias puede dar a luz hasta seis cachorros.

Los cachorros están mojados y pegajosos, así que su madre los lame para limpiarlos. Los cachorros abren sus ojos y miran a su alrededor.

1 mes

8 meses

10 meses

Primer día

Los cachorros de los conejillos de Indias nacen con dientes y uñas.

Esta **cachorrita** todavía está húmeda. Puede ver y oír, y pronto podrá correr. Olfatea el heno y comienza a explorar.

Recién nacido

1 día

1 semana

Los cachorros son como pequeños conejillos de Indias adultos.

¡La cachorrita ha olido la leche! Mete la cabeza debajo de su madre y encuentra una **tetilla**. Ahora está tomando su primer sorbo de leche.

1 mes

8 meses

10 meses

1 semana

Los cachorros pueden comer alimentos sólidos desde que nacen.

Los **cachorros** son muy tímidos y se mantienen cerca de su madre. Esta cachorrita está mordisqueando un poco de pasto con sus largos dientes delanteros.

Recién nacido

1 día

1 semana

Los conejillos de Indias son tímidos y se asustan fácilmente.

Los ruidos fuertes asustan a los cachorros de los conejillos de Indias. Se esconden entre el pasto alto hasta que uno de ellos asoma la cabeza para ver si hay peligro.

1 mes

8 meses

10 meses

1 mes

A los conejillos de Indias les gusta vivir en grupos de dos o más conejillos.

A las crías de los conejillos de Indias les encanta jugar. También corren y chillan con fuerza. Reconocen el olor de su madre y el de cada uno de ellos.

Recién nacido

1 día

1 semana

A los conejillos de Indias les gusta acurrucarse juntos para dormir una siestita.

Cuando están cansados, dejan de jugar y duermen. A los conejillos de Indias domésticos les gusta dormir sobre aserrín o papel picado.

1 mes

8 meses

10 meses

De 2 a 5 meses

¡El ala de un cóndor es tan larga como la bicicleta de un niño!

Los conejillos de Indias salvajes siempre están atentos al peligro. Si un **cóndor** inmenso vuela sobre ellos, los pequeños conejillos de Indias se sienten aterrorizados.

Recién nacido

1 día

1 semana

Este conejillo de Indias se ha quedado completamente quieto, así sus enemigos no lo notan.

Los conejillos de Indias salvajes están quietos en el día, para permanecer a salvo de sus enemigos. No pueden correr rápido con sus patas cortas.

1 mes

8 meses

10 meses

8 meses

Un conejillo de Indias macho se une al grupo cuando las hembras están listas para aparearse.

Los conejillos de Indias están completamente desarrollados a los ocho meses. Están listos para formar sus propias familias.

Recién nacido

1 día

1 semana

Este conejillo de Indias macho se acerca sigilosamente a una hembra.

Los conejillos de Indias machos producen un sonido como un ronroneo. La hembra le olfateará la cara y pronto se **aparearán**.

1 mes

8 meses

10 meses

63 días después

Las hembras engordan mucho cuando están esperando a sus crías.

Durante 63 días, las crías de los conejillos de Indias crecen dentro de la hembra. Ella tiene mucha hambre y come mucho. ¡Le encanta el maíz jugoso!

Recién nacido

1 día

1 semana

Los cachorros nacen cubiertos completamente de pelo.

Luego, un día, la hembra se esconderá en el pasto y nacerán sus bebés. Les quita la bolsa pegajosa que cubre a cada uno.

1 mes

8 meses

10 meses

De 1 a 3 semanas

Pronto, los cachorros de los conejillos de Indias reconocen el olor de su madre.

La nueva madre debe trabajar duro para cuidar a sus **cachorros**. Los lame para mantenerlos limpios. Los vigila cuando juegan.

Recién nacido

1 día

1 semana

Los cachorros pueden producir un sonido como un chirrido cuando quieren que su madre los alimente.

La mamá hará un gruñido especial. Entonces los cachorros se le acercarán corriendo para beber su leche.

1 mes

8 meses

10 meses

3 semanas

Los conejillos de Indias se llaman unos a otros con un sonido similar a un silbido.

Los **cachorros** de los conejillos de Indias se mantienen cerca de su madre. Cuando ella se aleja, ellos corren rápidamente tras ella.

Recién nacido   1 día   1 semana

Un grupo de conejillos de Indias es una manada.

Los cachorros crecen rápidamente. Pronto pueden reunirse con otros conejillos de Indias. Han nacido muchos cachorros nuevos y todos están creciendo.

1 mes

8 meses

10 meses

A esta boa le gustaría agarrar un conejillo de Indias para comérselo.

Los conejillos de Indias salvajes tienen muchos enemigos. Los **pumas**, las serpientes y otros animales comen conejillos de Indias.

Recién nacido

1 día

1 semana

Este conejillo de Indias está olfateando el aire.

Los conejillos de Indias no tienen buena vista, pero tienen un sentido del olfato muy bueno. Pueden oler a una serpiente que se acerca.

1 mes

8 meses

10 meses

La vida junto a las personas

Los conejillos de Indias salvajes son originarios de Suramérica. Viven en las **praderas** y en las laderas de la cordillera de los Andes.

Estos conejillos de Indias están en Perú, un país suramericano.

Recién nacido	1 día	1 semana

Estas personas crían conejillos de Indias en la cordillera de los Andes.

Como mascotas, los conejillos de Indias pueden vivir hasta 8 años. ¡Un conejillo de Indias vivió como mascota durante casi 15 años!

El ciclo de vida

Recién nacido

1 semana

1 mes

8 meses

10 meses

Archivo de datos

Los dientes delanteros de un conejillo de Indias nunca dejan de crecer. Los conejillos de Indias mastican zanahorias o madera para evitar que se vuelvan demasiado largos.

Un conejillo de Indias mide unas 12 pulgadas (30 centímetros) de largo (tan largo como una regla) y pesa aproximadamente 1 libra (0.5 kilogramos).

Una hembra puede tener hasta seis **cachorros** al mismo tiempo, pero sólo tiene dos **tetillas**, así que los cachorros tienen que tomar turnos para alimentarse.

Glosario

aparearse cuando una hembra y un macho se juntan para producir crías

cachorro cría de conejillo de Indias desde el momento en que nace hasta que tiene edad suficiente para cuidarse solo

cóndor ave grande que vive en la cordillera de los Andes, en Suramérica

hembra mujer

praderas planicies, terrenos llanos y abiertos

macho varón

puma felino salvaje de gran tamaño que vive en la cordillera de los Andes, en Suramérica

tetilla pezón de la hembra por donde los cachorros pueden chupar leche

Lectura adicional

Child, Lauren. *I Completely Know About Guinea Pigs.*
New York: Puffin, 2008.

Hibbert, Clare. *The Life of a Guinea Pig.* Chicago:
Raintree, 2009.

Índice